味道的传承

影响中国菜的那些人

董克平 —— 主编
黄静琳 —— 著

梁健宇

青岛出版集团 | 青岛出版社

董克平 | "味道的传承"丛书主编,总策划

毕业于北京大学哲学系。北京APEC(亚太经合组织)领导人会议首脑宴会专家顾问,《舌尖上的中国》第一季、第二季美食顾问,《风味人间》第一季、第二季美食顾问,央视综合频道《中国味道》总顾问、总策划,央视科教频道《味·道》总顾问,摩根士丹利中国峰会宴会召集人,美团点评黑珍珠榜理事,携程美食林理事。著有《口头馋》《食趣儿》《吃鲜儿》《寻味儿》《知味儿》等美食文集。

黄静琳 | 自媒体"琳琳的厨房"运营人

毕业于南开大学,资深媒体人。原《南方都市报》资深美食记者,美食杂志主编,国内知名生活方式自媒体达人,一手文字,一手设计,擅长捕捉生活中细微之美。

梁健宇

影响中国菜的那些人

董克平 主编

黄静琳 著

青岛出版集团 | 青岛出版社

图书在版编目（CIP）数据

影响中国菜的那些人. 梁健宇 / 董克平主编；黄静琳著. — 青岛：青岛出版社，2023.7

ISBN 978-7-5736-1182-6

Ⅰ.①影… Ⅱ.①董…②黄… Ⅲ.①梁健宇–事迹 Ⅳ.①K828.9

中国国家版本馆CIP数据核字(2023)第113954号

YINGXIANG ZHONGGUOCAI DE NAXIE REN LIANG JIANYU（WEIDAO DE CHUANCHENG）

书　　　名	影响中国菜的那些人 梁健宇（味道的传承）
主　　　编	董克平
著　　　者	黄静琳
摄　　　影	老马识途（鲁伟）
出 版 发 行	青岛出版社
社　　　址	青岛市崂山区海尔路182号（266061）
本 社 网 址	http://www.qdpub.com
邮 购 电 话	0532-68068091
策 划 编 辑	周鸿媛
责 任 编 辑	刘　倩
特 约 编 辑	王　燕
装 帧 设 计	丁文娟　叶德永　兰　洋
制　　　版	青岛千叶枫创意设计有限公司
印　　　刷	深圳市国际彩印有限公司
出 版 日 期	2023年7月第1版　2023年7月第1次印刷
开　　　本	16开（787毫米×1092毫米）
印　　　张	10.5
图　　　数	159幅
字　　　数	113千
书　　　号	ISBN 978-7-5736-1182-6
定　　　价	158.00元

编校印装质量、盗版监督服务电话：4006532017　0532-68068050
建议陈列类别：生活类　美食类

侠者以武入道，饮食亦有江湖。菜系门派精彩纷呈，各成体系，百家争鸣，百花齐放。

纵览中华大地之美食，最具代表性的区域有三，其一在岭南，其二在淮扬，其三在川渝，形成三足鼎立的局面。

川菜麻辣鲜香，味型众多，菜式多样。淮扬菜细致精美，秀在其中，以本色本味为保障，以烹饪技艺为支撑。粤菜大气中正，上至厅堂华宴，下至乡野味道，取百家之所长，用料广博，选料珍奇，配料精巧。

开篇。

南粤之地，粤菜之乡

南粤之地，美食的温柔乡…… 003

美食家的土壤…… 004

壹。

新一代的『南粤厨神』

内心丰富，才更有创造力…… 010

痴迷古典音乐…… 012

勤于动脑，心灵手巧…… 015

天生匠人，乐在其中…… 017

罐启飘香，诸味化一…… 019

有规则，有人情，有坚持，有坚守…… 022

常怀感恩之心，有平台才有成长…… 024

脑洞大开，胆大还需心细…… 026

厚积薄发，确立江湖地位…… 028

贰。

镬气＋火候，粤菜两法宝

镬气是玄学还是科学……032
镬气有无，取决于『功夫』……035
考验厨师功底的菜远炒牛肉……036
粤菜里怎能少得了『干炒牛河』……038

叁。

食材＋食味，粤菜之精髓

无鸡不成宴……042
一鹅数吃……044
升级的烤鸭……047

海鲜 …… 049
河鲜 …… 058
虾籽——鲜味小炮弹 …… 067
陈皮——时间沉淀的香气 …… 069
豉油——中华料理的灵魂 …… 071
四时汤粥，丰盛满足 …… 074
叹茶——徜徉于出世与入世之间 …… 080

肆。

梁健宇的十五道菜

- 潮州橘香土猪肉汤 ………… 084
- 酸汤拆烩鱼头羹 ………… 088
- 虾籽烧海参 ………… 094
- 黑松露捞起葵花鸡 ………… 098
- 白卤水桂花蚌 ………… 104
- 子姜咕噜肉 ………… 108
- 茶香银鳕鱼 ………… 112
- 砂锅星斑球 ………… 116
- 鲜茄素四宝 ………… 122
- 拍蒜柚子皮 ………… 128
- 榄仁滑炒黄皮头柳 ………… 132
- 黑胡椒煎牛脷 ………… 138
- 金汤虾饺 ………… 142
- 鱼香茄子两面黄 ………… 148
- 香茜陈皮鸭汤泡饭 ………… 152

开篇。

南粤之地,
粤菜之乡

举凡食材,先有三问:
「能吃吗?」「怎么吃?」「好吃吗?」
广东人尚食,勇于改良、创新,
每一道菜都能料理出精妙的口感。

南粤之地，
美食的温柔乡

常言道："仓廪实而知礼节，衣食足而知荣辱。"自古以来，餐饮繁盛之地，往往也是经济发达、富庶之地。粤菜之所以能够引领饮食江湖，源于它得天独厚的地理优势：宋元时期，广州成为中国对外贸易的通商口岸和港口城市；明清时期是粤菜的成熟和发展时期，此时的广州也是商贾云集，商业极大繁荣。珠江三角洲地带是咸淡水交接处，三面临海，海产丰富；这一地带内陆河涌纵横，正所谓"出门三步水，入村四处塘"，河鲜众多，物产富饶；南粤之地，气候温暖湿润，雨量充足。

商业发达，带动了饮食服务，辅以地理优势，加之丰盛食材，造就了鼎盛的食风。

营养丰富的鲍参肚，做法多变的鸡鸭鹅鸽，本色本味的海河鲜，珍稀罕见的野味等，都可以被广东人拿来入馔。粤菜取百家之所长，菜式繁多且多变，成就了许多传统名菜。

美食家的土壤

粤菜一般有广府菜、潮汕菜、顺德菜、客家菜几大分支。粤菜善于博采众长，融会贯通，在恪守传统饮食文化的基础上，博采其他菜系的烹饪精华，再根据当地的口味，不断推陈出新，从而形成菜式繁多、烹调考究的饮食特点。

骑楼之下，老式茶楼里南音绕梁。茶楼内花砖铺地，太师椅、八仙桌雕工繁复，头顶的风扇缓慢旋转，阳光透过琉璃窗照入，光影变幻，十分惬意。坐进这老式茶楼，恍如置身于半个世纪前的老西关。

老式骑楼,见证繁华过往

开篇。 南粤之地,粤菜之乡

花屏风、太师椅,随处可见的广州味道

上下九附近的居民

食在广州的说法由来已久。粤菜在唐宋时期已初具规模，清代中叶形成了完整的体系，晚清时期日臻成熟，民国时期更是达到鼎盛。

去老牌粤菜酒楼操办喜寿、满月等宴席时，你会发现菜单古韵犹在，菜品丰盛异常。翻开老式菜单，就能看到用毛笔书写的金华玉树鸡、北菇扒鸭脚、纸包鸡、八珍豆腐、奶油菜胆等宴席菜式，凉菜、汤水、海鲜、家禽、点心，一应俱全。这种菜单的编排方式，一直沿用至今，竟和如今的宴席菜单别无二致，足见当时酒楼的讲究与饕客的追求。

明末清初，有"江百万"之称的江孔殷，家境殷实，热情好客，饮食豪奢，家中几代人都精研饮食之道。

以笔名"特级校对"撰写美食专栏的陈梦因，开创了美食写作的先河，是深谙粤菜的美食家。他出版的《食之道》《食经》等书，讲述了粤菜渊源，对粤菜的发展具有深远的影响。

除了饮食名家深谙饮食之道外，在食风盛行的广东，美食不单单是一个概念，它已经真正渗透到人们的生活之中。由于食风盛行，每个广东人都有几道拿手好菜，全民皆是美食家。

007

开篇。

南粤之地，粤菜之乡

壹。

新一代的『南粤厨神』

想要了解一个厨师的实力,任何方式都不及让他现场做一次料理。

梁健宇把兴趣爱好融入工作当中,并乐在其中。

出自他手的菜品,道道细致精美,处处皆是巧思。

江山代有才人出,在近二十年的粤菜江湖中,梁健宇因为实力与口碑并存,被称为新一代的『南粤厨神』。

内心丰富，才更有创造力

有爱好，就有盛放灵魂的居所。有爱好的人，言谈诙谐风趣，内心丰满充实，举手投足间散发无限魅力。

性格慢热的梁健宇，身上带有处女座严谨、冷静的特质。可只要你多与他交流，就能发现他的有趣之处。

梁健宇的生活被各种兴趣、爱好所填满。他酷爱古典音乐，喜欢阅读、喝茶、养鱼，拍得一手好照片……

梁健宇是一个注重内心世界的人,他每天都有很多感兴趣的、做不完的事情,每件事情都能让他深入钻研,并且乐在其中。

在他身上,不仅体现了老一辈厨师爱好钻研和执着的精神,还具备了新一代厨师不断学习和创新的能力。更重要的是,丰富的兴趣和爱好滋养了他耐心、稳重的性格,而好的性格是开展良好工作的润滑剂。

痴迷古典音乐

"这一版的'巴赫无伴奏大提琴组曲'比较少见，与斯塔克和马友友的演绎大异其趣，少了一丝烟火气，多了一份悲悯。或许盖瑞·卡尔的演绎更加接近巴赫的本意。"拿着珍藏的CD，梁健宇的话匣子一下子就被打开了。

每次去国外，到音像店里买几张CD已经成为梁健宇的保留节目。数千张CD是他与老婆大人斗智斗勇的胜利果实，几乎每一张CD的背后都有一个属于他的故事。

梁健宇是古典音乐发烧友，买的碟片小众且昂贵。古典音乐如果

"烧"起来，可真的会把钱袋"烧"穿。如此沉着冷静的梁健宇，在音乐面前却很"发烧"。但令他"发烧"的是唱片，在于音乐本身，而对于音乐器材算是点到为止，给自己留有一些余地。

"我喜欢音乐，尤其是古典交响乐，从中能感受到悠远的意境。"在工作间隙，梁健宇会挑一张适合的CD，把自己"丢进"音乐里，"亚瑟·叔本华认为，对于死亡的思考是一种有意义的徒劳。沉浸在音乐里，我会思考很多事情，仿佛置身于另外一重浩瀚的时空，实现与心灵的对话。"梁健宇很享受自己与音乐独处的时光。

勤于动脑，心灵手巧

从童年时代开始，梁健宇就热衷于拆手表、电视机等各种电子产品和家用电器。到了少年时代，他开始捣鼓半导体收音机。他闷声不响地做了很多件"动手能力极强"的大事。

这份勤于动脑、敢于动手的能力，也为梁健宇从事厨师工作奠定了良好的基础。他凭借自己的"手艺"从事了具有匠人精神的职业，原来一切在冥冥之中早已注定。

1990年，梁健宇高考失利，与心仪的大学失之交臂，心急谋求出路的他与父亲促膝长谈。父亲给他出谋划策，认为司机、装修工人、厨师，这些都是热门行业，无论梁健宇从中选择哪个，将来都能有一门技术傍身。

当时南粤地区餐饮行业发展势头迅猛，梁健宇最终选择了厨师行业。他说："当时粤菜厨师的身价都很高，他们有两个发展方向——一个是出国，另一个是北上。"但是梁健宇没有选择这两个方向，毅然决然地留在了广州，并于1990年进入了广州白天鹅宾馆，开启了他的厨艺之路。

成为一名好的厨师，不仅要技术过硬，还要勤动脑筋、心思灵敏，更要有踏实肯干的性格和良好的工作习惯。梁健宇恰好具备了这些特点，刚好成就了他。

影响中国菜的那些人　梁健宇

四

天生匠人，乐在其中

梁健宇刚进入广州白天鹅宾馆时，接触的是最脏、最累的基础岗位——水台与打荷（中餐厨房一般有七大工种——炉头、砧板、上什、烧腊、点心、打荷、水台）。对此，梁健宇并没有感到抵触，而是全力以赴地投入工作当中。

"说实话，我没什么天赋。"梁健宇非常谦虚，坦言自己是努力型的厨师。他很听炒锅厨师的话，从水台起步，负责鱼类、肉类等的宰杀及清洗工作，帮助炒锅厨师预备材料。这一干就是一年半的时间，很多厨师不喜欢上水台，一方面他们觉得这个岗位又脏又累，另一方面又觉得做水台难以积累到真正的烹饪技术，但梁健宇不这样认为。

"其实水台可以学到很多技术，例如区分食材，鱼类、肉类的分割处理……白天鹅宾馆的水台岗位需要负责许多原料的粗加工，我的基本功都是在水台工作的那段时间里打下的。"

打荷，则是梁健宇着手的第二个岗位。打荷里的"荷"，原指"河"，有"流水"之意。"打河"即掌握"流水速度"，以协助炒锅厨师，将菜肴迅速、利落、精美地完成。打荷对于厨师技艺的要求不高，是厨房里的全能"杂工"，穿梭在各个岗位之间。正因为这个岗位需要协调砧板、炒锅与楼面之间的关系，梁健宇把它形容为"交通枢纽"，它对厨房的正常运转起着非常重要的作用。

"当手上只有一张单子的时候，你会感到很轻松，与同时来十张单子的工作情形是完全不一样的。做打荷要心似明镜，还要有统筹的观念，同时自己手上的活还不能乱。"在打荷的工作过程中，梁健宇锻炼出了敏捷的反应力，以及清晰的工作思路。

做厨房打荷，需要眼观六路、耳听八方、腿勤手快，在梁健宇的手中，各项事务被处理得井然有序。

梁健宇说

打荷，是粤菜行业里非常重要的一个岗位，身负"衔接"几个岗位的关键所在，是一个能够让厨房变得井井有条、高效运转的岗位。

刚入行时做打荷，对我的综合成长很有帮助。所以，即使后面当了行政总厨，管理工作时，我也非常重视厨房的"条理"。几千平方米的粤菜酒楼，如同一台庞大的机器，要想运转正常，考验的正是内部的"条理"。

罐启飘香，
诸味化一

梁健宇说："厨师这个职业在工作中需要去注意很多细节，例如食材的厚薄、摆盘的雕琢，这部分考验的是厨师的刀工；烹调入锅出锅的时间、火候的把控程度，这部分考验的是厨师的炒功。一道菜只有经过不断地尝试、打磨，才能呈现出最好的味道。"每道菜的诞生过程毫无例外地需要进行反复的试验，但这些试验并没有让梁健宇感觉枯燥，反而让他很享受试验成功带来的成就感。

打磨与沉淀的时间，都有它的价值。真正的新星，终究会从海面上升起，然后发光发热。

1992 年，广州白天鹅宾馆在内部进行了一次选拔，入选的员工可以进入厨师行列。考试的题目是做选料多、工序繁琐的佛跳墙。对于初出茅庐的梁健宇而言，这是一个不小的挑战，但他并没有因此退缩。

"我上学时并没有专攻一项技艺,进入这个行业时,完全就是一张白纸。但是凭着年少的那股冲劲和不服输的性格,我告诉自己一定可以战胜这次挑战,获得成功!"在同事们的帮助和鼓励下,梁健宇一遍遍地尝试,不断向老师傅们请教经验,然后集各家之所长,揣摩将不同食材融汇化一的方法,逐渐领悟到制作这道菜的关键所在——把控火候。

佛跳墙需要用文火慢炖 16 小时,期间需要不断地变换火力,以适应不同食材的特质,只有这样才能将所有食材的精华烹饪出来。悟出这一要点后,在这 16 小时里梁健宇寸步不离灶台,时刻照看着炉火。

凭着这股坚韧的劲儿,梁健宇最终做出"罐启飘香,诸味化一"的佛跳墙。这道菜让梁健宇破茧成蝶,从打杂工一跃而出,进入了广州白天鹅宾馆的厨师行列。同时,这也让他领略到烹饪的魅力,更坚定了他想要做好粤菜的决心。

改变梁健宇职业生涯的佛跳墙

有规则，有人情，有坚持，有坚守

粤菜精妙如万仞之山，入得山门，只是千里之行的第一步，要想寻得入行法门，还需高人指点。

刚入行的梁健宇便遇到了自己的授业恩师——广州白天鹅宾馆前行政总厨庄伟佳。庄师父对梁健宇的厨师生涯产生了深远的影响，除了传授厨艺技巧外，还教给他坚守职业道德，以及管理团队的经验。

从水台到打荷再到炒锅，后厨每个岗位的历练，都帮助梁健宇迅速地成长起来。从日常工作到参加各项烹饪比赛，梁健宇像一块海绵一样，不停地吸收各种烹饪技巧和经验。

师父传授得精细，梁健宇学得用心。耳濡目染间，梁健宇管理团队的水平也突飞猛进。梁健宇在广州担任白天鹅宾馆的行政总厨后,沿承并发展了庄师父的厨房管理模式,引入了现代化管理制度,对厨房的整个工序进行了系统的调整,进而在厨房员工的合理调配、工艺流程的合理设置、成本控制的落实、经营规模与经营特色的定位等一系列餐饮企业运作中的常见问题上,形成了一套独有的控制理论。

在梁健宇的管理理念中,规范和制度是一条不可逾越的红线。然而在制度之外,他又讲求以情动人,在与员工的互动中体现了浓浓的人情味,让整个团队像一家人一样,充满了凝聚力。

常怀感恩之心，有平台才有成长

一路走来，梁健宇非常感激陪伴他成长的广州白天鹅宾馆。

作为中国第一家中外合作的五星级宾馆、国内首批五星级酒店，地处广州的白天鹅宾馆，江湖地位不可撼动，这里是见证中国改革开放成果的窗口之一。

一个人能否顺利成才，不仅需要看个人的能力，还与其所在的平台息息相关。梁健宇认为很多企业只是把人才招募进来，之后就放任他们发展，人才也是来去自如。但其实企业应该注重如何留住人才，他们未来在企业里能否有所发展，以及对企业和个人是否能产生积极的影响。在这一点上，广州白天鹅宾馆做得非常到位，它注重厨师的个人成长，经常鼓励厨师外出交流学习。

"广州白天鹅宾馆的管理模式，对厨师烹饪技术的发展具有很好的推动作用，厨师可以在传统的框架下不断开发新的东西。可以说白天鹅宾馆紧跟市场的潮流，甚至走到了市场的前沿。"对此，梁健宇充满感激之情。

金红化皮猪

　　早在十几年前,就有许多餐饮人轮番参观广州白天鹅宾馆的后厨,这里可谓是"工欲善其事,必先利其器"的典范。2000年初,这里换置一块万能蒸烤箱玻璃就花费了6000元,在那个年代这是一笔很大的支出。

　　"白天鹅宾馆很早以前就配置了低温慢煮机和果木熏炉,而现在才开始流行的多功能蒸烤炉,白天鹅宾馆早就配置了十多台,已经使用了二三十年的时间。对于设备的更新,白天鹅宾馆从来都是大开绿灯的。"梁健宇继续说:"如果宾馆不愿意给我们引入先进的器材,我们就很难接触并学习到新的东西,所以平台对于厨师的个人发展来说非常重要,好的平台能促进厨师的良好发展。"

脑洞大开，胆大还需心细

餐饮行业风云变幻，与时俱进是经营者和厨师的处世之道。若干年前，餐厅少，食客多，奉行"厨师做什么，消费者就吃什么"的模式；现如今，餐饮行业蓬勃发展，餐厅遍地开花，食客的选择众多，甚至出现了选择困难症，给餐饮从业者带来了巨大的经营压力。

梁健宇认为食客喜欢追求不同的味蕾刺激，所以最好的模式就是"消费者想吃什么，厨师就做什么"。要想做到这一点，一方面需要厨师进行换位思考，了解消费者的饮食喜好；另一方面，必须大开脑洞，多做创新。

有一次，一位客人很想尝试煎面，但医生嘱咐他要控制油脂摄入。不用油怎么煎面？为了完成客人的心愿，不让他扫兴，梁健宇决定尝试一下。不用油煎面，而让面达到松脆的口感，这点着实不易。好在他灵机一动，把面条煮到半熟，沥干后放进焗炉里焗，最终的成品颜色金黄，完美呈现出煎面的色、香、味，客人尝过后更是称赞不已。

鱼香茄子两面黄

香茅焗乳鸽

梁健宇每年都会花费一些时间去全国各地游历，去品尝不同的菜式，找寻灵感，突破固有的口味。梁健宇说："不同地区的厨师，在处理相同的食材上有着不同的方法，我探索的就是如何取其精华，融入自己的菜品中。"

厚积薄发，确立江湖地位

2009年，梁健宇坐上了广州白天鹅宾馆副行政总厨的位置。2012年，他正式晋升为广州白天鹅宾馆的行政总厨。他保持一贯的谦虚态度，一步一个脚印，稳扎稳打。他常说："比起身边的同事来说，我并不算天赋异禀的，我只是比较努力，能够坚守自己的热爱而已。"

梁健宇曾获得"广东省优秀青年烹饪名师""中国烹饪大师""南粤厨神""广东省五一劳动奖章"，以及广东省直（属）企业"十大工匠"等荣誉。

秉承着厚积薄发、踏实肯干的信念，梁健宇屡获殊荣，在餐饮界的地位逐渐攀升。与此同时，他的管理水平也日渐精进。

梁健宇不断加强团队与外界的交流，融汇各家之长，集合饮食风尚，顺势而为，革新传统菜式。同时，他带领的团队参与全国各种餐饮烹饪比赛，在比拼中扩眼界、强技艺，多次在专业比赛中斩获个人金奖、团体金奖等殊荣。

贰。

镬气＋火候，粤菜两法宝

镬气和火候，是发挥粤菜本味的两大法宝。在粤语中，镬气就是锅气，运用猛火保留食物的本味，精准地把控时间，做出色、香、味、形俱佳的菜。

镬气
是玄学还是科学

和粤菜厨师聊天，经常会聊到"镬气"这个无法绕过的话题。

镬即锅，在中国古代，有一种大型的烹饪食物的锅，也叫镬鼎。在粤菜里，镬特指铁锅，尤其是生铁锅，它质地脆硬，手感偏重，传热快，导热强，为镬气的产生提供了必要的条件。气，指食材加热后挥发出来的气体、气味。镬气，也称锅气，这个词语诞生于后厨，符合中式烹饪的概念，它既看不到又摸不着，却实实在在地存在着。

将食材倒入锅中，用猛火快速翻炒，食材的温度瞬间飙高，其中的水分被快速蒸发掉，和锅接触后散发出浓郁的香气，这就是镬气。

粤菜里的许多经典菜式，都与镬气有关，比如，最能检验粤菜厨师功底的干炒牛河、菜远炒牛肉等。其实，大部分的粤式小炒，以及对时间把控严格的粤菜，都对镬气有所要求。

忙碌的后厨里,人声鼎沸,热气缭绕,香气浓郁。将锅置于火炉上,伴随着"滋啦"一声,放入食材,分秒间抛起抛落,颠锅翻炒,就这样,食材里带着的烟火气和焦香味最大限度地激发出镬气,使食物的味道得以升华。

中式餐馆里,当一道热腾腾的炒菜被端上桌时,客人们通常会选择趁热吃。而资深的老饕们,通常会选择坐在距离厨房最近的地方趁热吃。他们认为距离锅灶越近,镬气越充足。

毫无疑问,有镬气的菜一定是好吃的。但镬气的持续时间并不长,所以要趁热吃。如果菜凉了,镬气也会随之减少,甚至消失。所以菜刚上桌时,色、香、味、形俱佳,而菜冷了,难免少了一分味道。

那么,镬气的产生是否有科学依据呢?其归根结底来说是一种化学反应。在铁锅半圆弧的造型中,经过气压形成气流,食物在炒制过程中吸收了这股气流,然后散发出镬气。

贰。 镬气＋火候,粤菜两法宝

锅越厚,弧度越大,热力也越大,产生的气流就越大,从而镬气就越香。在超过200℃的温度下,食材表面的水被快速蒸发掉,油脂也发生氧化,引发美拉德反应和焦化反应,在食材表面留下一层淡淡的焦物并散发焦香。

美拉德反应(Maillard Reaction)是一种广泛存在于食品工业的非酶褐变现象。简单来说就是食物中的一些元素在加热过程中发生了一系列的复杂反应,这些反应让肉类食品看起来更加诱人,让淀粉类食品产生焦香味,是食品色泽和风味的主要来源。

梁健宇说

并非用大火炒出来的菜就一定具有镬气,需要掌握恰当的炒制时间,用猛火让食物的香气呈现出来。

在家中做菜,很难炒出镬气。原因有三:一是火力不够足,二是油锅不够热,三是空间不够大,综上很难实现颠锅翻炒。而想要炒出镬气,这三点都是必要的因素。与此同时,还需要有经验的厨师,因为镬气能不能出来,往往就在操作的毫厘之间。

镬气有无，取决于"功夫"

在中厨里，水台、砧板、打荷、炒锅不仅行当有别，内部制度更是等级森严。在传统的粤菜酒楼里，即使在有天资、够勤奋的前提条件下，一般一位厨师也需要有八年到十年的工作经验，以及日臻成熟的厨技才能进行炒锅。

即使采用同样的食材、调料、烹饪方法，有些厨师炒的菜味浓香醇，镬气十足，而有些厨师炒的菜就平淡无味，令人没有食欲。

梁健宇从专业的角度进行分析，认为火力和温度是产生镬气的关键因素。

中厨炒制的核心是用猛火炝出镬气。在烹出镬气的那几秒里，如果火力不够迅猛，就炝不出香气。需要厨师凭借经验，根据食材的特性，掌握火力的大小。火力大能使食材快速变熟，同时让食材的外皮微焦，锁住内部的汁水，吃的时候口感鲜嫩爽滑。要达到这种效果，可以使用自带鼓风器的中式炉灶，加大火焰，使火力充足。如果炉灶的火力弱，即使食材再好，美拉德反应进行得不够充分，也很难产生诱人的色泽和较好的风味。

热锅冷油，是中厨炒制时的不成文规定。等锅内冒烟后再倒入油，可以保证食材下锅后，在高温下迅速变熟，最大限度地激发出菜的香味，以免制作时间过长而影响菜的口感。

考验厨师功底的菜远炒牛肉

　　菜远炒牛肉是一道特色小炒。一荤一素两种食材，需要分别处理；还需注意熟成的时间，这非常考验厨师的功底。

　　何谓"菜远"？其实是掐头去尾后的嫩菜心，即选取菜中精华的意思。

　　炒"菜远"时，锅热后倒入油，大部分油烧热后倒出，只用锅壁残留的油来炒。锅内的温度要够高，并且要不停地翻勺，让菜心可以在最短的时间内变熟；炒得越久，菜就会失去翠绿的色泽；另外，不要加水，否则菜一样会"失色"。如果觉得干，炒制期间可以加入一点儿油。

　　牛肉需要提前用料酒、生粉等腌制好，再放入锅中。不能等锅冒烟后再放肉下锅，因为所有嫩滑之物，都要避免"锅太热"的情况。用120℃~130℃的油温滑牛肉，这一过程中，要不停地"转锅"，使牛肉受热均匀，避免油温过高使肉质变老。

　　恰到好处的"转锅"与"颠锅"，有异曲同工之妙。让食材短暂离火，使其均匀地沾到油，又不至于吃太多油。食材经过翻转、混合后，受热均匀，更容易产生镬气。

> **梁健宇说**
>
> 　　广东人喜欢用猪油炒青菜,不仅仅是因为猪油更香,还因为比起植物油,猪油的美拉德反应会进行得更充分,炒出的菜风味更佳。也可以说,用猪油炒出来的青菜,上桌后镬气更足。
>
> 　　此外,食材想要快速同熟,对厨师的刀工要求很高。需要将食材切的大小、长短、厚薄均匀一致,纹理顺畅,这样炒出来的菜才会嫩滑,成品才能符合粤菜清鲜爽嫩滑的特点。

菜远炒牛肉

四

粤菜里怎能少得了"干炒牛河"

干炒牛河是非常考验粤菜厨师基本功的一道特色小吃，由豆芽菜、洋葱、河粉、牛肉等食材炒制而成。干炒牛河已经占领全球的华人区域，可以说只要有华人的地方，只要挂着"茶餐厅"的牌子，就一定可以吃到干炒牛河。

虽然这道菜见多不怪，但能将一道干炒牛河炒出味道的，却不见得有几个人。手艺好坏，一试便知。

牛河干炒和湿炒的区别在于是否添加芡汁。干炒，顾名思义，要用猛火快炒，最讲镬气。而且一份好的干炒牛河，既要有干香，又要有"干身"，即盘底没有过多的油，酱油的颜色被河粉充分吸收。

干炒牛河与菜远炒牛肉一样，炒制时要热锅冷油。将油倒在锅内，转几圈，待油烧热后倒出大部分的油，只用锅壁残留的油大火翻炒豆芽菜、洋葱、河粉和牛肉，炒到温度很高的时候，烹入豉油。产生镬气的秘诀就在于豉油遇热的那一刻能否被激发出一缕焦香。炒牛河时要把握好淋豉油的时间，同时需要把牛肉、河粉、洋葱等食材翻炒出漂亮的颜色。

炒牛河时，调味、上色绝非简单地使用一种生抽，每家粤菜酒楼都有自己的料理配方，生抽、老抽、酱油三者缺一不可，它们与糖的比例要恰到好处，这样牛河才能呈现出漂亮的颜色和浓郁的味道。另外，梁健宇特别提示道："有火，生抽、老抽、酱油才会香。"

梁健宇说

菜要炒得香，需要减少无意义的翻动，这样利于保持菜的原汁原味，避免流失过多的水分及香气。快速翻炒和均匀翻动都是错误的操作方式。想要获得足够的镬气，需要在香和焦的临界状态下，起匀翻动。

放入豉油或者芡汁时，需要在高温条件下，将豉油或者芡汁淋入锅边，使用猛火快速激发出香气。

叁。

食材＋食味，粤菜之精髓

广东人对食物的包容度极高，他们平等地热爱每一种食物，以尊重食物为烹饪的前提，不会厚此薄彼。

粤菜，以『食鲜本味』为宗旨，尝一口，会让你难以忘怀！

无鸡不成宴

鸡肉——寻常的食材，不寻常的江湖地位。

相对于牛肉和羊肉来说，鸡肉更加亲民，无论是它的性价比，还是味道，从古至今，都深受人们青睐。

粤菜，在民国时期树立了自己的江湖地位，那时就有了淮杞炖鸡、栗子炖鸡、脆皮油鸡、盐焗鸡、八珍露鸡、鸣凤紫竹、水晶滑鸡等菜式，基本涵盖了如今常见的大部分关于鸡肉的名菜。对照如今的粤式名菜，诸如白切鸡、沙姜鸡、豉油鸡、脆皮鸡等，都有传统的踪迹可循。

此外，鸡肉除了可以独立成菜，还可以提供重要的调味底料。中厨里的高汤，基本上都是用鸡肉来吊味的。鲍参肚即使再名贵，也需要使用鲜美的鸡汤调味。

平常不起眼的鸡爪，用豉汁、鲍汁浸泡入味，摇身一变就成为饮茶时必点的人气小食。食骨吮汁，味入骨髓，获得食客们的一致好评。

在粤菜中享有盛誉的葵花鸡

白切鸡

> **梁健宇说**
>
> 鸡有许多种烹制方法，比如将鸡肉与酒搭配，肉香与酒香交融，吃下去满口飘香，令人回味无穷。谈起花雕鸡，不得不提粤菜名厨黎和，他是"瓦罉花雕鸡"的创始人，花雕的醇厚与鸡肉的鲜嫩相结合，产生了奇妙的口感，深受人们的喜爱。此外，客家黄酒煮鸡，香甜爽口，黄酒和鸡肉也非常协调，非常适合给产妇食用。

叁。食材+食味，粤菜之精髓

一鹅数吃

  鹅一年有两造（一年两造，是一种养殖方法），分别在春、秋两季，清明节和重阳节前后的一个半月，是吃鹅的最佳时机。冬天时天气寒冷，鹅基本上不会生蛋，要等到一月份左右。出生的小鹅经过三到四个月的生长，进入当造期，此时的鹅骨酥软、鹅肉嫩滑。

  中华泱泱大国，精于烹饪，鹅肉料理的烧、卤、焖、煮等技法都很到位。不同地区有不同的食鹅方法，其中最擅长烹鹅的，当属广东人。

❀ 烧鹅

  烧腊是一种色香味俱全的粤菜，过去分为"烧"和"腊"，现在人们将其连在一起。烧肉、叉烧、烧鹅、烧鸭等品类繁多。无论去哪一家粤菜酒楼、茶餐厅，你都能找到烧腊的身影，它既能上得厅堂宴席，又能下得家庭餐桌。

  提到鹅，脑海中首先闪过的就是那油光红亮的脆皮烧鹅，街头巷尾的烧腊店都是烧鹅施展魅力的舞台。

脆皮烧鹅

      皮脆肉香有汁水，有多重的口感，有烟火的香气，如此集优点于一身的烧鹅，怎么能不讨人喜欢呢？

      如何挑选烧鹅？当你拿起一块烧鹅时，首先要看一看它的剖面。要选择皮色金红、脆而不焦、皮下有一层薄薄脂肪、再下面是瘦肉的，这样的烧鹅吃下去满口留香。如果不慎选择了过肥的烧鹅，皮下有一层厚厚的黄色肥油，一块下肚就已经腻滞胸口。

      鸡肉吃嫩，鹅吃老。市场上养至六十天出栏的嫩鹅，一焖便会出水。煮到最后，肉质不断收缩，只剩下骨头和连着肉的皮。放养的和养够百天出栏的是选择鹅的重要标准。放养，鹅的皮下脂肪不会太肥，恰到好处。养够百天出栏，鹅刚好三斤半左右，肉质细嫩。尤其是放养、养够百天的乌棕鹅，入菜恰到好处，烧出来的鹅肉嫩滑多汁，是做烧鹅的最佳选择。

      烧鹅需要提前腌制上色，用白醋混合麦芽糖，均匀地涂抹在鹅身上，然后挂起来风干。其作用是：一可以上色，二可以蒸发掉鹅皮的水分。很多地方会使用风扇协助这一过程，但也需要把握分寸，风不可太大，以免鹅肉流失肉汁。

      古早（方言，在闽南地区流行，有"很久以前""怀旧"的意思）的烧鹅店，一般会写着"果木"两个字。制作方法和烤鸭一样，炭烧的时候，要用中火慢烤。

      果木炭的种类很多，以荔枝木木炭为佳。果木炭烧出来的烧鹅之所以好吃，是因为炭火的温度高达200℃，炉温迅速升高，烧热炉膛，加之炉底的炭火使鹅烧得透彻，逼出鹅油，达到皮脆而保留肉汁的效果。如今大多数酒楼的烧鹅，采用的都是电烤炉，很难达到传统炭炉交叉炙烤的效果，皮色尚可一样，但缺少的那种烟火气，是弥补不了的。

一鹅数吃，广东古早吃鹅之法多多

家禽之中，属鹅的个头最大。

除了烧鹅，广东地区还有许多传统的鹅肉菜式，例如客家碌鹅、豉油鹅、卤水鹅、酸梅鹅、彭公鹅、芋头鹅、盐焗鹅掌亦、鹅丝、鹅汤……

因此，一只鹅可以有数种吃法，做个全鹅宴完全不在话下。

体型较大的鹅，有平头鹅和狮头鹅。狮头鹅因为肉质比较韧，适合做卤水鹅。制作时，边按摩边用盐均匀地涂抹鹅肉，然后挂起来晾干，以便渗出多余的血水，去除腥味，再放入大锅中，用卤水汁浸透，使之入味。卤水汤锅微微沸腾后，将鹅上上下下的放进卤水汁中若干次，这样做的目的是让味道均匀地渗透到鹅肉中，使鹅的口感和风味达到最佳状态。

"醉鹅"是由"碌鹅"演变而来的。将一米长的大铁锅置于火上，用勺子舀起浓郁的汤汁，缓慢地淋在鹅身上。期间，烹酒入锅，火焰腾起，酒香入骨。之后用小火慢煮，直至鹅肉颜色转为深红，味道香浓，出锅即可。

此外，顺德的彭公鹅是用甜醋、子姜烹煮而成的，成品颜色枣红，口感酸香醇厚，极具风味，捞饭一绝。

恩平、台山一带，擅长用原生态、传统的方法料理鹅肉，例如芋头鹅。加入南乳、麻酱、姜、蒜和罗勒焖出的鹅肉，汤汁浓稠，香气馥郁，其中芋头更是充分吸收鹅肉之香，口感粉糯香滑，比鹅肉更加"惹味"。

虽然湛江也有白切鹅，但广东大部分地区食鹅，都偏爱厚重的口味。白切鹅和卤水鹅都可以搭配蒜蓉、白醋食用。鹅肉纤维较粗，口感扎实，与酸香非常契合。搭配酸梅酱、甜醋，鹅肉与酸味发生激烈的碰撞，一方面既改善了鹅肉的口感，另一方面又达到了解腻提香的效果。

客家碌鹅

升级的烤鸭

鸭子作为主力家禽之一，位于人们家常食材的"鸡鸭鱼肉"之列，属于优质白肉。我国吃鸭的历史悠久，烤鸭从明代开始已经成为我国的"国菜"。北京烤鸭、南京盐水鸭、四川樟茶鸭、云南小刀鸭、广东片皮鸭、湛江白切鸭、福建三杯鸭……从各地的鸭肉名菜中也可以看出，人们对其的热爱之情。西餐中，鸭胸肉是与牛扒、海鲜并列的常见主食。

嫩鸭食肉，老鸭煲汤，鸭绒还可以用来填充衣物等，可见鸭子对我们的日常生活作出了巨大的贡献。

❀ 片皮鸭，烤鸭的南方"瘦身"升级

鸭子，无论怎么料理，精华都在那一层皮上。倘若谁撕掉了这层油亮的外皮，只吃肉，一定会被人们嗤之以鼻的。鸭肉厚且干，没了这层油皮还吃个啥呢？

说到吃鸭，还数广东人吃得妙。大名鼎鼎的北京烤鸭到了广东之后，就只剩下薄薄的一层皮了。广东人绝不肯给自己的肠胃增添负担，贴上肥膘。他们深谙养生之道，所以一只肥鸭来到广东之后就只留下一层皮了，其余的一概不留。

除了粤菜酒楼必做的片皮鸭，茶餐厅必备的烧鸭之外，知名的还有湛江白切鸭。

湛江本地人做白切鸭，一重选鸭，二重煮鸭，三重调味。选鸭通常会优先选用湛江当地的细骨农家鸭，摒弃饲料鸭和大骨鸭；煮鸭则讲究慢火浸熟，鸭子煮到八九成即可捞出；调料主要使用沙姜、蒜蓉，讲求原味原汁。综上三点，非常考验鸭子的品质。

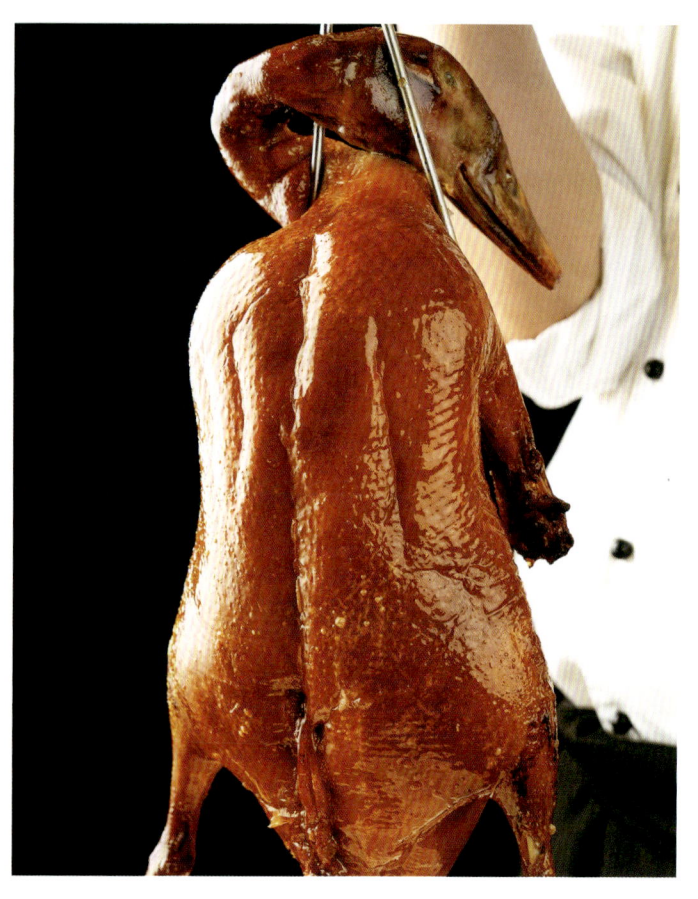

海鲜

　　常言道：靠海吃海。临海而居的人们大都沉迷于吃各种各样的海鲜。

　　从龙虾、濑尿虾、海胆到红杉鱼、鲳鱼、黄花鱼、白饭鱼（粤语，小银鱼的意思），还有鲍鱼、象拔蚌等各种贝壳类海鲜，数不胜数。从高端粤菜酒楼到大排档，再到海上鱼排餐厅，广东人的饭桌上永远不缺海鲜的身影。

稀少而珍贵，与稀少而美味，是两个完全不同的概念。

海鲜，藏身于海洋中，鲜美的霸道，难得且美味。基于此，更显现出广东得天独厚的地理优势。海岸线漫长，四季气候适宜，人们一年到头都可以吃到味道鲜美的海鲜。

深海鱼与擅烹鲜味的粤菜厨师交手，碰撞出别样的火花。广府菜、潮州菜、客家菜虽特色各异，但在海鲜上达成了共识——以尊重食材的本味为主。

海鲜作为粤菜酒楼里菜品的重要食材，不容有闪失。一般客人现点现捞现做，最大限度地保障了海鲜的"鲜"，也是粤菜重视食材本色本味的一大体现。

梁健宇说

海鲜的食用季节和产地非常重要。海鲜的季节性强，通常要跟着节气来吃。来自深海的海鲜，肉质洁净，富含营养，是目前最理想的健康白肉。

龙虾

　　龙虾的头胸部较粗大，外壳坚硬，腹部短小。从棕色到蓝绿色，不同品种的龙虾的颜色有所不同，虽然活体都是色彩斑斓的，但一经烹饪，都会变成红色。

　　龙虾虾肉饱满、鲜甜、弹牙，对吃货来说极具诱惑。无论是本色本味的刺身，味厚浓郁的芝士焗、中式炭烤、日式炉端烧，又或是西餐中备受推崇的龙虾浓汤，都为食客们提供了舌尖上的享受。

　　广东人在粤菜酒楼中举办各种宴席时，都会以一道龙虾菜品作为压轴菜，以示主人待客的诚意。常见的龙虾压轴菜有芝士龙虾伊面，面条吸收了龙虾的鲜美滋味和浓郁的芝士，口感爽滑，往往是刚上桌就被人们一扫而空。如果是龙虾刺身的话，晶莹剔透的龙虾肉经过冰镇后更加爽脆弹牙，令人清新舒展，非常解腻。

象拔蚌

　　象拔蚌因形状宛如象拔而得名。实际上，它还有一个非常梦幻的名字——"女神蛤"，源于古希腊神话中一位女神的名字，似乎与它雄壮的外观不相匹配，但确实是肉质鲜美、营养丰富的高级海鲜食材。

　　一般而言，象拔蚌分成泥蚌和沙蚌两种。从幼年时起，象拔蚌便将自己埋藏在泥沙中，依靠虹吸管与外界进行物质交换，以此维持生命。由于象拔蚌的足部已经高度退化，所以一旦选定地点将自己埋好后，它就没有能力再移动了，这一点与生蚝非常相似，因此给人们的捕捞工作带来了不小的难度。探测到象拔蚌的踪迹后，必须使用专门的高压水枪冲掉掩埋在象拔蚌上方的厚重泥沙，然后再小心地将它挖出。

　　对于象拔蚌，广东地区首推刺身的吃法，其次就是打边炉了。将象拔蚌片放入清汤底里七上八下涮一下，待它稍稍卷曲的时候捞出，蘸上用沙姜、柠檬、酱油做成的味汁食用，口感清甜美味，人们不知不觉间就能干掉一大盘。

梁健宇说

　　象拔蚌不是河蚌，两者之间存在差别：河蚌蚌壳纹路凌乱，不清晰；颜色深；壳满，不算厚；腥味重，需要用调料去除腥味。象拔蚌蚌壳纹路清晰；颜色较浅，以白色为主；壳小、厚且硬，鼻长肉肥。

鲳鱼

广东人极爱的仓鱼实为"鲳鱼",品种众多,体形、大小各不相同。

先来说一下鹰鲳,从外貌来看,它与其他品种的鲳鱼颇有不同,其嘴部是如钩似的鹰嘴,鱼身的上半部分及鳍边、尾边呈淡墨色,鱼身的下半部分颜色稍浅。它的身形较大,动辄两斤以上,大的甚至可以达到六斤。鲳鱼的肉厚且紧实,口感细腻。物以稀为贵,鹰鲳的货源大多被酒家垄断,一斤鹰鲳起码要卖到两三百元,街市上更是难得一见。

排名第二的莫过于燕尾鲳,它形似鹰鲳,但身形稍小一些,颜色较明亮,呈银白色,尾部也比较长,分叉的鱼尾看上去好似燕尾。燕尾鲳的肉质虽然香滑细嫩,但鲜美滋味远不及鹰鲳。燕尾鲳胜在产量高,街市上常见,价格自然也便宜许多。

吃鱼当然是越新鲜的越好,最好是活蹦乱跳的,但是很多鱼出水就会死亡,因此只能冰鲜。像黄花鱼、红杉鱼等深海鱼,捕捞时拉网速度很快,海水压力变化也很快,它们的鱼鳔来不及适应外界的压力,内脏被强大的压力所挤压便立刻死亡,根本无法人工饲养。

> **梁健宇说**
>
> 选鱼时,最好选择游水活鱼,还要看其新鲜程度。
>
> 冰鲜鱼类,挑选时主要通过观察以下几个方面:其一,看鱼的眼睛,新鲜的鱼,眼球饱满,角膜光亮;而眼球凹陷,双目无神的则是死去多时的鱼。其二,揭开鱼的鳃盖,呈鲜红色或者紫红色,说明鱼非常新鲜;颜色呈灰色甚至是黑色,说明鱼死去多时,很不新鲜。其三,看鱼身鳞片是否整齐以及鱼身黏液是否浑浊,鱼身鳞片整齐、鱼身黏液不浑浊的是新鲜的鱼,反之是死去多时的鱼。

❀ 黄花鱼

　　黄花鱼,有大黄鱼和小黄花鱼之分,二者和带鱼一起被称为"中国三大海产"。大黄鱼主要产于黄海南部、东海和南海,小黄花鱼主要分布在黄海、渤海和东海。在广东沿海黄花鱼的盛产期为每年的 10 月份。

　　黄花鱼生长在深海,出水就会死亡。市场上的黄花鱼大都是冰鲜,很难看到活蹦乱跳的鱼。野生的黄花鱼头尖肚细、底部呈橙黄色,肉质细滑鲜甜。近年来它被肆意滥捕,数量越来越少。街市上常见的小黄花鱼体重大多在二两上下,肉质鲜嫩,是家常之选。

梁健宇说

黄花鱼,由于形似狮头鱼,二者经常会被认错。其实黄花鱼的外形与白花鱼也很像,并且都有较大的鱼鳔。而很多不良渔民会把比较廉价的白花鱼染黄,来冒充黄花鱼出售,其实只要看鱼档的冰块上面有没有染色,就能分辨出真假了。

红杉鱼

红杉鱼又名金线鱼，常见于我国南海一带的礁石丛中。它属于深海鱼，出水就会死亡，一年四季都能够在市场的冰鲜档里买到它。

红杉鱼分为长尾杉鱼和家杉鱼两种类型，可以通过颜色来区分它们：长尾杉鱼为背紫红色，爽滑好吃，而家杉鱼背为橙红色，肉质较韧，土腥味较轻。两种鱼的价格便宜而且肉厚紧实，数量都比较多；因为只有一条主骨，鱼刺较少，所以无论煎煮还是煲汤都是不错的选择。

叁。食材＋食味，粤菜之精髓

河鲜

  广东境内河涌交错,多河鲜。俗话说靠河吃河,鲩鱼、鳊鱼、鲤鱼、缩骨大头、笋壳鱼等,都是这一带餐桌上常见的主角。

  河水的密度比海水低,因此河鱼承受的平均压力比海鱼低。按理说,河鱼易有土腥味,但对于精通烹饪的广东人而言,这根本不是问题。

  河鱼一般生长在池塘、河川和湖泊里,其中鲮鱼、鲩鱼等多属于人工养殖的品种,成本较低,在市场上最为常见。

  广东地区内常见的花鲢、桂花鱼等,多为野生鱼类,以进食浮游生物为主。

❀ 清蒸一尾应季好鱼

陈皮蒸鱼

广东人主张"不时不食",当地流传着一句"春鳊,秋鲤,夏三黎"的俗语,意思是说春天的鳊鱼最肥美,秋天的鲤鱼最滋补,夏天的三黎鱼最鲜,三种鱼均是应时佳品。

说起河鲜,必须要提起顺德,顺德一带擅烹河鲜,蒸鱼最是一绝。优越的水乡地理优势,浓厚的饮食文化氛围,培养出人们对高品质食材的敏感性。因此,无论是选材还是烹制,当地人都形成了自己的一套方法。在各种河鲜料理上,他们更愿意使用极简的烹饪方法,保持食物本身的味道,比如清蒸。

想要蒸出一尾好鱼，首先，鱼要够新鲜。新鲜的鱼，眼仔碌碌，身体无伤，动作生猛。再者，要看时节，清蒸鱼以应季鱼为佳。例如冬季的河鲜，以麦溪鲤、鲈鱼、桂花鱼、黄骨鱼、鲮鱼为当季佳品。

清蒸，除了使用姜丝、葱丝、热油、豉油之外，并无其他的调料。蒸鱼的鲜味在锅内循环，最大限度地保留了鱼的本味，并且保证了鱼的形状完整。

至于火候，需要靠粤菜厨师自己去把握，太生则腥，太熟则酶，口感尽失。不同的鱼蒸制的时间也有偏差，眼凸鳍翘、肉刚离骨为鱼蒸好的标准。

在此之上，好的豉油能够给蒸鱼增色。如果随便以生抽浇淋，不会自己"秘制"，那不能说是蒸鱼的好手。粤菜师傅手中的豉油，大都是亲手调制而成的，至于里面是加糖、胡椒粉还是虾壳，那就各有各的奥秘了。

鱼被葱丝、姜丝覆身，淋入热油和豉油，豉油与热油碰撞之后，激发出浓郁的香气。盘底的豉油呈金红色，鱼肉细滑，味道咸鲜不禁让人口舌生津。

梁健宇说

大鱼肉厚，通常不容易蒸透，于是顺德人创新出"立鱼"的方式，将鱼垂直放入盘里，上笼屉，这样两侧的鱼身可同时受热，蒸得均匀。

鲮鱼

家乡煎酿鲮鱼

相信许多人都是通过一种叫豆豉鲮鱼的罐头来认识鲮鱼的。鲮鱼是家常菜中常见的鱼类之一，它的刺多，肉质细嫩，味道鲜美。

"酿"是广东菜里的绝技之一，即把一种食材填入另外一种食材之中。酿的过程完全以厨房的技艺见长，以精细取胜。"酿菜"不仅有酿鲮鱼、酿豆腐、酿凉瓜，还有酿竹荪，据说最夸张的当属酿豆芽，足见粤菜厨师的功夫之高。

肉质胶韧的鲮鱼适合起肉做蓉，制成鲮鱼球、鲮鱼饼，鲮鱼球还可以用来制作打边炉。把鲮鱼剥出完整的皮囊，起出鱼的整副骨架，将鱼肉剁烂成蓉，加入冬菇粒、马蹄粒等切碎的辅料，搅匀后酿回鱼的皮囊之中，使其恢复成鱼的形状，先放入锅中炸或煎，然后焖，制得功夫菜——家乡煎酿鲮鱼。如此大费周章的制作，其实是为了食用时可以大啖鱼肉，扬鲮鱼味鲜之长，避其骨多之短。

> **梁健宇说**
>
> 鲮鱼价格便宜，是深受人们喜爱的家常鱼类之一。冬季鲮鱼最为肥美，要记得在最佳时节里享用它。
>
> 鲮鱼多骨，常用来起肉，打到起胶，加入少许陈皮丝，做成鱼丸、鱼饼，吃起来味道鲜美，特别爽弹。
>
> 鲮鱼全身是宝，不仅鱼肉可以做菜，鱼骨还可以用来煲汤。将新鲜的鲮鱼骨略煎一下，加入水，煲出的鱼汤格外清甜。

叁。食材＋食味，粤菜之精髓

✹ 鲳鱼

鲳鱼越大越肥美,它的骨头非常硬,常见的是鱼皮为黑色的黑鲳鱼,此外还有银鲳鱼等。

相比之下,黑鲳鱼易于养殖,品质好坏就在于土腥味的轻重。水质好的黑鲳鱼土腥味比较轻,水质不好的反之。为了掩盖这一缺陷,厨师烹饪时会在鱼身上覆盖火腿丝、笋丝、猪网油等,以去除腥味、提鱼香。也可以采用面豉蒸、子姜蒸、榄角蒸或者蒜蓉蒸的方式。鲳鱼最好吃的部位在鱼腩,这里肉质细腻,如凝脂一般,也是它全身刺最少的地方。

梁健宇说

鲳鱼价格相对便宜,性价比较高,所以常见于餐桌上。但鲳鱼刺多,不适宜起肉制成鱼丸、鱼饼,最常见的做法就是清蒸。

❋ 乌头鱼

乌头鱼鱼如其名，头部有一抹黑色印迹，又称新鱼。

乌头鱼在咸淡水中都可以存活，咸水为野生的，淡水为养殖的。从乌头鱼的外形上也可以鉴别出它是野生的，还是养殖的。野生的乌头鱼嘴尖色深，眼睛微微突出；养殖的乌头鱼嘴扁而平滑，颜色较浅。

味道上，野生的乌头鱼更胜一筹，没有土腥味，肉质细腻，鲜味更足。养殖的乌头鱼土腥味较重，肉质较粗一些。

冬季乌头鱼皮下脂肪增多，油脂丰富，肥美甘香。相比之下，夏季乌头鱼就会逊色许多。

乌头鱼一般不能离开水，出水就会死亡，所以大部分都是冰鲜的，市场上的鱼档里非常常见。

--- 梁健宇说 ---

乌头鱼，必须够肥才会好吃。如果是水塘养殖的乌头鱼，最讲究水质。养殖方法不当，会有土腥味。而水质好，水塘够大，有足够的活动空间的乌头鱼，不仅土腥味轻，肉质也会好很多。所以选择乌头鱼时，一定要看好它的来源。

鲩鱼

鲩鱼又称草鱼，是草鱼属鱼类。鲩鱼除去几根大鱼骨，里面全是大块的鱼肉。

常言道"好水养好鱼"，如果水塘够大，水质够干净，养出的鲩鱼条条个大而生猛，而且泥味轻，鱼肉鲜美。梁健宇曾经在汕头的某个山上的一个鱼塘里吃到过专门用龙尾草喂食的鲩鱼，它的重量虽已接近3斤，但肉嫩鲜甜，是难得的上品。

20世纪80年代初，东升镇书安县用池塘试养脆肉鲩，实现了从水库养殖到池塘养殖的突破，东升镇因此也被授予"中国脆肉鲩之乡"的称号。脆肉鲩只在中山市养殖，成为当地一大土特产。中山人在养殖鲩鱼时，会往鱼塘里投入番薯藤当作饲料，这样养殖的鲩鱼肉会变得很脆爽。而临近捕捞前，再把鲩鱼转移到清水池内，"瘦身吐泥"以去除泥味，养殖方法非常讲究。

鲩鱼全身皆可入菜，一条鱼有多种吃法。水源优质的鲩鱼可以制作鱼生，也可以起片煮粥；厚身的鱼腩，可煎可焗，爽滑鲜香；鱼头可以与天麻一起炖汤；鱼骨可以煎一下，撒上椒盐；鱼肠可以加入陈皮炒蛋中，鲜香无比，非常下饭。

"鳙鱼头，鲩鱼尾"说的就是肉质细腻的鲩鱼尾。其做法多样，不胜枚举。

沙姜焖鲩鱼

梁健宇说

鲩鱼鱼肠口感润滑鲜香,是不被人所熟知的美味。将鱼肠洗净之后,用白醋去除泥味,裹上蛋浆,焗到鱼肠表皮金黄即可。

六

虾籽——
鲜味小炮弹

虾籽又叫虾蛋,是由虾的卵加工而成的。根据来源划分,虾籽分为海虾籽和河虾籽。河虾籽鲜而不咸,烘干之后,以色金红、粒圆者为佳。仅一小勺,就是调味的"黄金手指"。

淮扬菜、粤菜中都喜欢用虾籽入菜,厨师们尤其喜欢将它们点缀在面上。淮扬菜里的阳春面,汤清面白,看似清寡,但汤底讲究,更有几粒虾籽点睛,一口下去饱含万千滋味,美味无比。和阳春面有异曲同工之妙的是广东的竹升面。正宗的竹升面,由鸭蛋、碱水和面制作而成,其中关键的一步在于用竹升压面。在面上薄薄地撒上一小勺虾籽,就可以看到一小片如彩霞般绚丽的绯红在面上绽放开来。虾籽香脆,面条爽弹,口感鲜甜并举。一碗口感爽弹的面,搭配几粒鲜红的虾籽,鲜味瞬间在口中散发开来。

虾籽是梁健宇制作料理时的秘密武器之一。通常，他会用在突出食材味道的菜品上，只需撒上一点儿虾籽，就会大幅度提升菜品的鲜味。

　　每年夏天，是河虾产卵之时。虾籽附着于母虾的肚腹之上，为保持虾籽的完整，捉虾、取虾籽大都需要依靠人工完成。取出虾籽，在水中过筛，去除沙粒、浮尘，反复进行若干道程序之后，才能获得干净的虾籽。然后经过日晒，放入锅内烘烤。烘烤虾籽时最讲求技巧，不能用猛力，更不可用大火，需要用手轻轻拨散虾籽，微火慢烘，烘至虾籽干透即可。

陈皮——
时间沉淀的香气

很多东西都是历久弥香，同时历久弥珍。一个"陈"字，已经道破天机。时间越久，陈皮的模样就越不好看；但随之带来的，是陈皮更耐推敲的香气和翻番上涨的价值。一块看似干枯粗糙的老陈皮，在收藏家的手里，殊不知能换来多少新鲜的橘子。保存妥帖的老陈皮药用价值极高，民间有言道："一两陈皮一两金，百年陈皮胜黄金。"

陈皮是很多粤菜厨师的秘密武器，它能为食物注入一丝灵魂味道。广东的陈皮自古有名，其中最好的陈皮产出地莫过于新会。新会当地流传着一句俗语："秋风起，晒陈皮，柑肉酸，陈皮香，飘新会。"梁健宇差不多隔段时间就要去一趟新会，挑选品质好的陈皮。不同年份的陈皮有不同的味道，让他沉浸在这"时间沉淀的香气"之中。

冬至前后，新会一带都会采摘成熟的大红柑，采用剥皮晾晒或低温干燥的方法挥发其中含有的水分，让柔软的表皮变得干硬，散发出淡淡的余香。

陈皮是一味中药，更是一种调料。

广东人善于将陈皮入膳，颇有点石成金之妙。用陈皮制作的甜品，首先想到的就是陈皮绿豆沙，舀一勺，既不稀也不稠，看不到绿豆皮儿也见不到大块的陈皮。当绵细的绿豆沙入口后，一股含蓄的暗香就会从舌底慢慢溢出，香醇厚重，让人唇齿留香。

除了甜品，陈皮的使用范围极广。不管是鸡鸭鱼肉还是山珍野味，制作时都可以适当地投入一小块陈皮。它和柠檬一样，恰到好处的运用，往往会创造出令人惊艳的口感。

梁健宇喜欢用陈皮入菜，卤水、蒸鱼、煲汤、烧味、糖水中都少不了它的身影，甚至连煮白粥时他都会放上一块陈皮提味儿。由他制作的蒸鱼、牛腩、鹅掌、焖水鸭等菜品，都是极具陈皮风味的美馔。

白天鹅宾馆的仓库里，有几只大水缸，里面贮存着梁健宇购买的陈皮。对于陈皮的年份一说，他一直持有这样的态度："卖家说这是10年、8年的陈皮，就时间而言都是无法求证的，所以我会按照自己买回来的时间，记录编号，一年一缸。这样至少可以保证贮存在我这里的都是有年份的，再加上之前的年份，就算打些折扣，品质也不至于太差。"

梁健宇说

　　陈皮和普洱茶一样，越陈越金贵。当然，也不能只看年份，贮存也一样重要。挑选的时候，看皮的薄厚，纤维丝越少越好，闻其香气，然后泡入水中，尝一下不苦涩，就是好的陈皮。

豉油——
中华料理的灵魂

　　豉油也许从来不是餐桌上的主角，但少了它的菜，仿佛少了一份鲜活和灵动的滋味。用来形容滋味的词语有惹味、美味、鲜味等，它们都与豉油有关。

　　豉油颜色棕红且黑亮，锅热后倒入豉油，会激发出焦糖之香；或者将豉油倒入碟中，将食物直接蘸着豉油吃。

豉油鸡

千百年来,只要有华人的地方,就有豉油的身影,即人们通常所说的酱油。不同的地区,不同的制备工艺,使酱油各具特色,各有韵味。

传统的酱油以大豆和小麦为原料,培养出曲霉菌后,放入缸中,与盐水混合,在日光下暴晒,发酵制成酱油。制备工艺传到广东一带时,因为当地没有小麦,就改成以面粉为原料来培养曲霉菌,水则多取自泉水或者山水,加入盐混合均匀,让阳光生晒至熟,无须经过蒸煮。到成熟的时候,用管子来抽取缸内的酱油。由于是阳光生晒而成的,所以广东人吃的酱油,又称为生抽。

干炒牛河

  酱油的种类繁多，有生抽、老抽、薄盐生抽、蒸鱼豉油、草菇老抽、虾油、酱油膏……

  平常百姓家的厨房大小有限，可能放不下如此多的酱油，不过梁健宇建议，家中备上常用的三种酱油，基本上可以应对各种不同菜品的制作。一是生抽，色泽较淡，适合大量使用，用于普通烹调。二是老抽，对于用于烧菜、焖菜等增添红亮颜色。老抽是在生抽的基础上加入了焦糖。焦糖用于给食物上色，使其色泽深黑，味道浓郁香甜，制作豉油鸡、干炒牛河时都少不了它。三是蒸鱼豉油，用于蒸鱼效果极佳，鲜味更足，直接用来蘸食食物也不失风味。

梁健宇说

  好的豉油带有大豆转化出来的鲜香，闻起来也会有一股鲜豉味，入口时不会过咸，还带有豆的鲜甜。豉味越浓代表豉油越好。差的豉油里通常会加入增味剂，味道近似于味精。

叁。食材＋食味，粤菜之精髓

四时汤粥,丰盛满足

汤谱尽量不用药材

岭南地区夏季漫长,酷暑叠加湿热,气候非常不养人,却意外地把这一带的人"培养"成了养生专家。人们去买菜时,会自行搭配煲汤材料,各有各的汤水经。四时汤水,或苦或甜,都是广东人餐桌上不可缺失的一员。

根据岭南地区的气候特点,梁健宇整理了一套四时汤谱,里面都是他的私人配方。西洋菜猪软骨、赤小豆粉葛鲮鱼汤是适合春天喝的汤水,主要用于祛湿;夏季酷暑湿热,适合一些具有消暑清热、明目解毒功效,还能增进食欲的汤水,例如凉瓜龙骨炖元贝、薏米陈皮冬瓜煲老鸭、唐葛菜煲生鱼、青榄炖鲍鱼;秋天是温补的季节,喝一些像红萝卜玉米龙骨、虫草花炖水鱼、淮杞无极炖花胶的这类汤品,能温和调理身体,为过冬做准备;而冬天要补充阳气,最宜调理和进补,食用花旗参炖水蛇、川贝海底椰炖鹧鸪、花生眉豆煲猪脚等汤水,既能促进身体的新陈代谢,又能增加免疫力。

虽然梁健宇是地道的广州人,但他不主张让药材入菜,"毕竟厨师不是中医,并不能深入了解各种药材的特性,如何恰当使用药材,以及药材的用量是否合理,这些问题都是不可控的。"

汤水养人的原则是:顺应四季,根据时节选择当季食材;用天然的当季食材煲汤,顺时而吃,吃得养身。

梁健宇说

熬、滚、煲、烩、炖等都是广东人用来煲煮汤水的方法。炖汤时用炖盅隔着水炖,炖出来的汤色清澈。煲汤则是用大砂锅煲,煲出来的汤味道浓重。

煲汤的学问有很多,包括食材的前期处理,对烹饪时间的把控等,这些对于制作汤水来说至关重要。例如一道老鸡汤,要用"烛光小火"煲够8小时,使黄色的鸡油一直浮在汤的表面,最后1小时改用大火,冲散上面的鸡油,让它进入汤中,使汤色变得浓鲜。我的成名作"佛跳墙",吸收的就是炖汤的经验。

❀ 花样靓粥

在广州，白粥分为明火白粥和老火粥。明火白粥是指用猛火煮滚后，再用大火煲粥，使米粒不断翻滚至开花，溶于米水中，例如腐竹白果粥、冬瓜荷叶粥、艇仔粥、状元及第粥、鱼茸粥、皮蛋瘦肉粥、窝蛋牛肉粥、鸡肉粥、生滚鱼片粥等。老火粥是将食材和米同时放入煲内，煮滚之后转为小火，慢煲 3～4 小时，例如膏蟹砂锅粥等各种砂锅粥。

某次梁健宇与一众老饕聊天，说起广东人为何能把粥研究到如此出神入化的境界，粥的种类繁多，老少咸宜。而北方人煮粥，无外乎小米粥、大米粥、杂粮粥这几种，最多再加个腊八粥，品类屈指可数。从味道上来看，广东的粥有甜有咸，有荤有素，味道既可以清淡适口，又可以浓郁厚重。不像北方的粥，不是原味就是甜味，口感单一。经过大家热烈的讨论后，一致认为广东气候温暖，有适宜的环境，加之广东人的生活节奏慢，有时间去琢磨这些"浪费"时间和柴火的食物，因此能将粥做得出神入化。而北方气候寒冷，生活节奏快，鲜少有人愿意花费几个钟头的时间去煲碗老火粥。

清代美食家袁枚曾说过："见米不见水，非粥也；见水不见米，非粥也；必使水米柔腻为一，然后方为粥。"从技术上教给我们辨别好粥的方法。广东人熬粥采用明火瓦煲，煲上有孔洞，水沸粥滚，在煲中翻腾，但不会溢出，煮的粥水米交融，细腻柔润。因为粥中所含的材料丰富多样，口感倒不似喝粥，更像是吃粥。

民国美龄粥

水稻是我国主要种植的农作物之一,一般分为单季稻和双季稻。单季稻指一年只产一季的大米,主要分布在秦岭—淮河线以北,比如品质好的东北大米。要是当年的新米,品质更佳,用它煲出来的粥黏性大,而且米香味更足。

要是时间允许的话,最好先用清水将白米浸泡一会儿再熬。粥的本味在于水米相交融的状态;如果不浸泡就熬,则需要使用猛火,但是会直接影响米汤的黏稠度。提前的浸泡准备,对于一锅好粥来说至关重要。

老师傅才会懂的煮粥秘诀:给米里加入适量花生油,搅拌至每一粒米都油花可鉴。这样做能使粥变得更滑,也更香醇。

煮粥时,中途不要加入水,水量需要一次加到位,通常水和米之间的比例是十比一。煮粥时,火是越大越好。一旦开锅,你需要将火候控制在文武火之间、粥已沸而汤不溢的状态,继续煮制,米粒会一点点糊化,粥一点点浓稠起来,而米香也一点点渗透出来,满室飘香。

梁健宇说

白粥是各种广东粥品的基础。越是清淡的粥底,越能分辨出食材的优劣。泡米工作非常重要,无论是新米、陈米,提前的准备工作都要做到位。捞盐、捞油的比例也很重要,盐花只要一点儿,油要均匀,捞好后放上,一会儿便吸收了。此外,为了提香、提滑,粥中适当放入一些泡过的腐竹,会非常有效果。

做各种粥时,需要讲究食材的新鲜程度,尤其是海鲜。海鲜现杀现劏,煮入粥里,尽是清甜鲜美的味道。

叹茶——
徜徉于出世与入世之间

相信去过玉堂春暖的人，都应该知道白天鹅宾馆的茶市有多么火爆，每天人来人往，热闹非凡。每一款茶点的品质都非常关键，无论是传统的虾饺、凤爪、排骨、烧卖、马拉糕、伦教糕，还是创新别致的小丑鱼、蟹籽鱼翅香茜饺、生核桃包……都能够让食客感受到粤菜厨师扎实的功底和讲究的食材。

这里有两款招牌点心值得一提：一款是长期以来占据人气榜单的酥皮叉烧包。据说蔡澜先生每次来到广州都必吃这款点心，临走时都不忘打包两盒。它皮轻而酥，一口咬下去，皮儿簌簌地掉落。新鲜制作的叉烧，酱香饱满，完全不腻口。

另一款是榄仁萨其马，广州白天鹅宾馆的明星产品，一年可以产生约五百万元的销售额。因为人气太旺，每天都供不应求。广州白天鹅宾馆中，配有专门的师傅制作这道甜品，每天根据不同的气温与湿度调整配方，以保证出品的稳定性。从外

酥皮叉烧包

榄仁萨其马

观上来看，榄仁萨其马色泽金黄，切块工整对称，只要你尝上一口，就会被它的味道征服。

萨其马本是满族小吃，是将多种材料挤压在一起制作而成的，口感坚实。而玉堂春暖的萨其马经过改良之后，大大降低了甜度，加入了椰丝与榄仁，口感酥松绵软，其混合的香味会不断地萦绕在食客们的舌尖上。

> **梁健宇说**
>
> 茶点，是粤菜的一扇窗，给粤菜带来了人气，也带来良好的口碑。
>
> 从味道上来看，传统和创新关系是辩证而统一的。不要为了创新而创新，该遵循古法的地方就要遵循，该创新的地方就要创新。

叁。食材＋食味，粤菜之精髓

肆。

梁健宇的十五道菜

潮州橘香土猪肉汤

老药橘，以金橘的果实为原料，经腌制而成的潮汕药用凉果，是潮州凉果特产中的极品。在潮汕地区，几乎家家户户都会存上几罐老药橘，可以贮存相当长的时间，吃的时候直接食用或取适量冲服即可。

老药橘的味道类似于陈皮，味道咸中带甜，气味浓郁诱人，深受潮汕地区人们的喜爱。而猪肉汤是客家菜的头牌汤水，用料简单，极大地保留了原料的本味和鲜味。梁健宇巧妙地将二者结合在一起，将潮汕味道与客家味道合二为一，在传统客家猪肉汤的基础上进行了创新，平衡了老药橘和猪肉汤的味道，推陈出新，一道地方融合菜闪亮登场。

原

老药橘	15 克
土猪肉	200 克
大白菜	150 克

调

盐	5 克
上汤	200 克

1. 将土猪肉洗净，先切片，再切丁，剁成肉馅。加入一部分盐搅拌至起胶，取适量肉馅团成肉丸。
2. 锅内倒入水烧开，放入肉丸，煮至八成熟后捞出，盛入炖盅内。
3. 将大白菜洗净，切下菜叶部分，将每片菜叶展开，放入盘中，备用。炖盅内放入老药橘，再放入菜叶。将剩余的盐加入上汤中，调好味后倒入炖盅内，盖上盖，放入蒸柜中。先用武火蒸制0.5小时，再用文火蒸制1.5小时即可。

影响中国菜的那些人　梁健宇

酸汤拆烩鱼头羹

梁健宇认为菜品既要讲求创新，又要保留传统的精髓。粤菜具有很强的包容性，假如把粤菜做得像川菜、湘菜一般辣，就会偏离了粤菜的本色。如果尝试将川菜、湘菜里的某些原料、某些技法，巧妙地融入粤菜里，可能会呈现出意想不到的效果！

在贵州，常以酸汤入馔，而拆鱼羹，也是广东家喻户晓的名菜。梁健宇将贵州酸汤融入拆鱼羹之中，使原本清淡的拆鱼羹在酸香之下，变得开胃爽口。无论从材料选择、烹饪方式、摆盘图案及味型上来看，均呈现出全新的体验。

在贵州地区流传着一句话：缺少了木姜子的贵州酸汤与番茄酸汤没什么差别。贵州酸汤的灵魂当属木姜子，贵州人家房前屋后常种植木姜子。日常烹饪时，人们经常顺手采摘几颗，放入菜品中，它的加入给菜品增添了地方风味，尤其对于鱼类菜肴来说，有点石成金之妙。

原

鱼头	800 克
炸榄仁	10 克
木耳丝	20 克
丝瓜丝	15 克

调

贵州酸汤	600 克
姜丝	5 克
葱丝	5 克
木姜子油	15 克

1. 将鱼头清洗干净，划上几刀，放入蒸锅里蒸约15分钟至熟，取出，拆骨留肉。
2. 锅中倒入贵州酸汤。加入鱼头，放入葱丝、姜丝、木耳丝、丝瓜丝，煮至沸腾。
3. 舀到汤盅里，淋上木姜子油，撒上炸榄仁即可。

虾籽烧海参

梁健宇在制作虾籽烧海参时，依托了两件"法宝"提鲜。一是香气浓郁的高汤，用鸡肉、鸭肉、虾、干贝熬制而成，调出汤底；二是虾籽，鲜味十足，掩盖了辽参的腥味，起到画龙点睛的作用。

梁健宇崇尚食材应尽量保持原味，在此基础上再去提升它的味道，改善口感。虾籽是梁健宇喜欢的"秘密武器"之一，通常他会将其加在需要突出食材原味的料理中，这样既能突出本味，又能保持鲜味。而一点儿虾籽的加入就大幅度提升了菜品的味道，改善了原有的口感。

烘干的虾籽为细小的颗粒，呈金红色。抓几粒放到嘴里，咬开后如同"小炮弹"一般在口中绽放，鲜味十足。

虾籽烧海参是梁健宇开发的一道创意菜，用小鲜去提大鲜，两鲜相遇，相辅相成，虾籽的颗粒感与海参爽弹的口感，达成了良好的互补效果。

原

上等辽东刺参（发好）	1条（80克）
虾籽	5克
老鸡	750克
鸭子	750克
干贝	5克
虾仁	5克
大地鱼粉	5克

调

盐	2克
酱油	25克
食用油	适量

饰

三色堇、薄荷叶 …… 各少许

1. 将老鸡和鸭子清洗干净并斩成大块,用厨房纸吸干表面的水。将斩件的鸡块和鸭块,放入烧至85℃的油锅中炸至呈金黄色。向炸好的鸡块和鸭块里加入2升水,用文武火煲至汤白且浓,沥出鸡块和鸭块,汤备用。干贝用温水泡发后撕成丝,然后用厨房纸吸干表面的水,和虾仁一起放入预热至100℃的烤箱内,烤制10分钟,取出。将烤好的虾仁倒入浓汤中,加入一部分大地鱼粉,放入烤好的干贝丝,用文火熬至汤汁金黄且浓稠,捞出干贝丝和虾仁即成汤底。

2. 锅中加入食用油烧热。将虾籽加入油锅中,爆炒至出香味后盛入盘中。将熬好的汤底倒入锅中。将发好的上等辽东刺参余水后倒入汤中,加入盐、酱油调味,用文火收汁至浓稠,盛出,放在虾籽上。

3. 撒上剩余的大地鱼粉,用三色堇、薄荷叶装饰即可。

黑松露捞起葵花鸡

影响中国菜的那些人　梁健宇

099

肆。梁健宇的十五道菜

虽然粤菜给人的印象几乎是以海鲜为主，但是鸡肉在广东人的生活中占比也是很大的，年夜饭上必定有鸡的席位，结婚、生子、喜寿酒宴，自然也少不了用一道鸡来定场，正所谓"无鸡不成宴"。

葵花鸡的特点是鸡肉色泽金黄，皮下脂肪少。养至140天的成鸡，去掉内脏后有一斤八两重。

传统的白切鸡，做法大同小异，但白切葵花鸡在过冷河（过冷河是粤菜的一种烹调方法）的冰卤水中特别增加了葵瓜子仁来提香，肉质紧密细致，香味四溢，无须放其他调料就分外美味。过冷河后的白切葵花鸡通体金黄，皮骨皆脆，如同向日葵绽放在盘中。

原

葵花鸡光鸡	1只（900克）
葵花鸡鸡肝	50克
北极贝	50克
黑松露	10克

调

黑松露油	15克
盐	5克
白砂糖	3克
冰卤水	适量
白卤水（热）	适量
姜、葱、食用油、料酒	各少许

饰

薄荷叶、迷迭香	各少许

1. 将葵花鸡光鸡的腹腔用流水冲洗干净。用厨房纸将鸡身内外擦拭干净，吸干表面多余的水。将光鸡放入加热好的白卤水中，充分浸泡约 20 分钟；光鸡浸熟后取出，放入冰卤水中过冷河，充分冷却后取出，用刀将它一切两半，备用。

2. 用刀把北极贝片开，刮去内脏，洗净，切成丝。将上一步已浸熟入味的鸡，分部位起肉去骨，切成丝。姜切片，葱切小段。锅内倒入食用油，放入姜片、葱段，加入料酒爆香，再倒入沸水制成葱姜水。将鸡肉丝、葵花鸡鸡肝加入制好的葱姜水中煮制约 10 分钟至熟。然后将熟鸡肝放入冰卤水中浸泡入味，切成丝。

3. 将鸡肉丝、鸡肝丝、北极贝丝里加入盐和白砂糖。现刨一部分黑松露，倒入黑松露油，然后将所有处理好的原料搅拌均匀，再刨入剩余的黑松露，用薄荷叶、迷迭香装饰即可。

白卤水桂花蚌

桂花蚌，从名字来看好似贝类，但其实是从海参体内取出的白色条形物质速冻而成的，因此又称为海参筋。它的外形呈柱状，剖面如花瓣，很容易藏污纳垢，所以料理之前需要仔细清洗。它独有的爽脆和清甜的口感，特别为粤菜师傅所青睐。粤菜中常见的料理桂花蚌的做法是用 XO 酱来爆炒，不过过于浓酽，容易掩盖桂花蚌本身的鲜甜味。

梁健宇另辟蹊径，用温和醇厚的白卤水来调制桂花蚌，使得桂花蚌能够充分入味，白卤水不抢味、不着色，把桂花蚌鲜美的滋味激发出来。色泽清浅的桂花蚌与温和无色的白卤水结合，有效地去除了桂花蚌的些许腥味。

白卤水是由草果、陈皮、小茴香、八角、桂皮加入水，慢火浸煮而成的。制作这道菜时，使用冷藏的白卤水为佳。

原
桂花蚌 …………… 200 克

调
白卤水（冷藏）…… 2000 克
姜块（拍松）……… 10 克
小香葱 ……………… 10 克
芝麻油 ……………… 5 克

饰
火红苗 ……………… 适量

1. 先将桂花蚌放入冷藏柜中解冻，取出后清洗干净，放入加入了拍松的姜块、小香葱的开水中氽 2 分钟左右，捞出后沥干水，用厨房纸擦干表面的水。取大部分冷藏的白卤水，将桂花蚌放入其中，浸泡约 4 小时至入味。

2. 取出浸泡好的桂花蚌，改刀成段，摆入盘中。将芝麻油和剩余的冷藏的白卤水拌匀，淋在摆好的桂花蚌段上，再用火红苗装饰即可。

影响中国菜的那些人 梁健宇

108

子姜咕噜肉

咕噜肉，又名咕咾肉，它的前身据说来自广东民间的一道夏令菜——甜酸猪肉。制作时，在肉块外裹上一层糖醋芡汁，成菜色泽金黄，酸甜开胃。

咕噜肉的常见做法是将菠萝与咕噜肉同烹，这样做出来的咕噜肉除了带有糖醋芡汁的酸甜外，还带有热带水果的清香，但不能吃太多，容易腻。梁健宇在此基础上进行了改良，在烹制咕噜肉时，创新引入了泡制的子姜，将酸香味融入咕噜肉中，有效中和了猪肉的腻和糖醋芡汁过度的甜。

肆。梁健宇的十五道菜

原

- 新鲜子姜 …………… 100 克
- 上好五花肉 ………… 250 克
- 鸡蛋 ……… 2 个（100 克）
- 青椒块、红菜椒块 … 各 15 克
- 生粉 ………………… 50 克

调

- 白砂糖 ………………… 5 克
- 番茄酱 ………………… 20 克
- 香葱 …………………… 5 克
- 蒜头 …………………… 5 克
- 姜片 …………………… 5 克
- 盐 ……………………… 5 克
- 汾酒 …………………… 10 克
- 食用油 ………………… 500 克

1. 先用刀将新鲜子姜拍裂，用一部分盐腌制 0.5 小时，再用水浸泡子姜，去除盐分。捞出子姜，沥干水后放入用白砂糖、番茄酱、香葱、蒜头、姜片调成的糖醋芡汁中，腌制 1～2 天。将腌制好的糖醋子姜取出，切成小块。

2. 碗里打入 1 个鸡蛋，加入一部分生粉，用手抓拌均匀，制成鸡蛋浆。

3. 将上好五花肉切成块，盛入盘中，加入汾酒和剩余的盐腌制片刻。将腌制好的五花肉块放入盛有鸡蛋浆的碗中，使五花肉块均匀地裹上鸡蛋浆，再放入剩余的生粉中使每一块五花肉块都裹满生粉。

4. 锅内倒入食用油烧至 160℃，放入处理好的五花肉块，炸至九成熟，捞出。另起锅，与糖醋子姜块、青椒块、红菜椒块一同翻炒至熟即可。

影响中国菜的那些人　梁健宇

茶香银鳕鱼

银鳕鱼体形较大，肉质洁白肥厚，做法多样，其中鱼腩部分的使用频率最高。大部分人对银鳕鱼的认识，都是从香煎开始的。梁健宇则通过变换浇淋的酱汁，给食客们带来不同的口感。

梁健宇在传统的香煎银鳕鱼的基础上，研发出了一道创新菜——茶香银鳕鱼，形式上来看虽也是香煎，但因融入了铁观音，茶香浓郁，巧妙地平衡了银鳕鱼肉质中的那一点儿腻。

梁健宇说："借鉴其他菜系时，对尺度的把控至关重要。我们常说的'点睛之笔'就是指比例，一点点的使用量就可以提升菜肴的味道，反之，则会事倍功半。而这道茶香银鳕鱼，就得益于此。"

原
银鳕鱼 ············ 1000 克
铁观音 ············ 8 克

调
秘制烧烤汁 ············ 15 克
盐 ············ 5 克

饰
三色堇、火红苗、薄荷叶 ······
············ 各适量

1. 将铁观音放入盖碗中，倒入开水，泡出茶香后将茶叶和茶汤一起倒入大碗中，调入盐，放凉待用。银鳕鱼打鳞后清洗干净，再根据所需分量改刀。将改刀后的银鳕鱼块放入放凉的茶水中，浸泡 0.5 小时左右。

2. 将烤箱提前预热至 200℃。取出浸泡好的银鳕鱼块，在上面均匀地涂抹秘制烧烤汁，再放入预热好的烤箱中，烤至表面金黄、熟透。用三色堇、火红苗、薄荷叶装饰即可。

影响中国菜的那些人 梁健宇

砂锅星斑球

肆。

梁健宇的十五道菜

粤菜酒楼里但凡办婚宴、过寿辰，餐单上最常见的就是东星斑，它也是广东地区最受欢迎的石斑鱼种类之一，其肉质雪白细嫩，入口十分鲜美。这些看上去相貌古怪、丑陋凶猛的家伙，却是滋味鲜美的舌尖尤物。清朝著名的诗人、散文家袁枚，也被人称为乾嘉时代的美食家，其所列奇珍，不外燕窝、海参、鱼翅，当时的他因为身居内陆，无缘一尝石斑鱼的美妙滋味，实在可惜。东星斑的模样要比老虎斑、老鼠斑中庸许多，呈红底带银点，很是喜庆。关于石斑鱼的命名，大多以色泽和形态为着眼点，东星斑正如其名。

东星斑，名字中的"东"指的是东沙群岛。东星斑的星点比较小，外皮光滑，身形修长，头部显得略小，这也是东星斑异于其他同类石斑鱼的显著特征。

分辨海鲜的成色，简单来说只有一个标准，那就是新鲜。即便是出水即死的一类海鲜，也极讲究冰鲜之道。因为只有用最快的时间来料理和食用，才能真正体会其中的妙处。

对于海的馈赠，最棒的做法就是做大海的搬运工，这样才能与海味零距离接触。蒸，自然是粤菜中处理海鲜最简单也最极致的方法。只要够新鲜，蒸食永远不失不过。海鲜白肉天生带有鲜甜的滋味，蒸得恰到好处，可以最大限度地体现原汁原味。

东星斑一成不变的清蒸模式延续多年，既内敛平实，又不失大雅，一席白肉细腻甘甜，美妙得不可方物。而梁健宇一改一贯的大胆创新，在这道传统菜式上做出了极大的克制，只是把常见的整条清蒸，改为起肉切块，免去鱼骨之忧。但味道上，仍最大限度地保留了本色本味，东星斑的鲜美与砂锅的镬气已是至味，不需增减。

原

鲜活东星斑 ········ 1500 克

调

姜块················ 30 克
葱段················ 30 克
蒜瓣················ 30 克
盐·················· 5 克
料酒················ 5 克
食用油·············· 适量

1. 先将鲜活东星斑宰杀，并清理干净。从鱼的鳃部划一刀，再从背部下刀，用刀尖将鱼肉与鱼骨分离。鱼另一面的处理方法相同，直至将两侧的鱼肉完全切下。
2. 将起好的鱼肉改刀成鱼球状（日字形），加入盐，将鱼肉腌制片刻。
3. 将砂锅用猛火预热，预热好后放入食用油，依次放入姜块、蒜瓣，用筷子边拨动边爆炒至姜块、蒜瓣表面呈金黄色后，再放入葱段爆炒均匀。
4. 将东星斑鱼块均匀地摆在葱段、姜块、蒜瓣上，盖上盖，用猛火将东星斑块焗熟，起锅前淋入料酒即可。

影响中国菜的那些人　梁健宇

122

鲜茄素四宝

将几种素时蔬炒在一起，是粤菜里十分常见的斋菜形式，多则选择六七种素时蔬，少则选三四种。传统的斋菜中时蔬的种类众多，往往难以追求成品的卖相。而这道鲜茄素四宝，梁健宇以番茄为容器，冲破斋菜面目模糊且平淡的窠臼，大大提升了这道斋菜的颜值。番茄既是容器，又是原料之一，兼顾了色、形和味。至于香，则由四宝馅来负责。

粤菜讲求的"不时不食"，在鲜茄素四宝这道创新菜中表现得淋漓尽致，其中的四宝可随时令而变，多数情况下会选用银杏果（白果）、玉米粒、莲子和鲜芡实。

看似"云淡风轻"的素四宝，却是一道不折不扣的功夫菜，需要经过煨煮、蒸、勾芡等多道工序。粤菜的"食不厌精，烩不厌细"，在这道菜的料理过程中被鲜活地呈现出来。

原

新鲜红粉番茄	1个
银杏果	30克
玉米粒	20克
莲子（去芯）	10克
鲜芡实	10克

调

浓汤	10克
水淀粉	少许

肆。梁健宇的十五道菜

1. 将新鲜红粉番茄的顶端和蒂部切掉，用小刀在番茄瓤部转一圈。
2. 用勺子挖去中间的籽，即成番茄盅。
3. 将处理好的番茄放入开水中烫10秒钟，捞出。再迅速放入凉水中过凉，这样可以轻松地剥去皮。
4. 将银杏果去衣，玉米粒、莲子、鲜芡实分别放入开水锅中焯水至熟，再用浓汤煨煮，制成四宝馅。把四宝馅酿入番茄盅中，放入蒸柜中蒸至番茄变软后取出，放在盛器中。
5. 将浓汤用水淀粉勾芡，均匀地淋在四宝馅上即可。

影响中国菜的那些人 梁健宇

拍蒜柚子皮

广东人在食材的选择上不拘一格，上可鲍参肚，下可塘边草丛，大胆之余，处处都有美妙的滋味。

平常生活中被人们丢弃的柚子皮，竟是粤菜里的传统食材。想要把厚身的柚子皮处理成可用的食材，需先用火烧过，刮去焦皮，洗涤干净，猛火烧镬后下水。将柚皮焯熟，捞出后用清水将柚子皮反复漂透，挤干水。制作工序繁复，令人该暗叹发掘它的人该是多么执着。

柚皮菜是一道功夫菜，充满了神秘的色彩，第一口吃下去，很多人吃不出它是用什么做的。再吃一口可以感觉到它口感丰富，软糯适口，完全吃不到柚子皮的苦涩味道。

原

柚子皮·················· 1个

调

蒜瓣·················· 适量
猪油·················· 10克
浓汤·················· 20克

饰

薄荷叶·················· 适量

1. 先将柚子皮清洗干净，削去外面的黄色皮，留白色的海绵状中间皮。将白色皮改刀成小块，放入水中浸泡一段时间。将泡好的白色皮放入开水中焯一下，然后放入凉水中过凉，挤出水，再放入开水中焯水。

2. 用刀背把蒜瓣拍裂，把拍裂的蒜瓣用猪油起镬，爆炒至出香味。加入浓汤，放入切好的柚子白色皮块，用文火煨至入味，收汁勾芡。用薄荷叶装饰便可。

榄仁滑炒黄皮头柳

肆。梁健宇的十五道菜

粤菜擅长烹制"水中滋味",无论是广阔海域的丰饶海鲜,还是珠江流域、南番顺一带四季充足的河鲜,都是广府菜的重要物质基础。

黄皮头鱼也叫狮子鱼,因细鳞金黄、头大似狮而得名。其肉质洁净,富含营养,是理想的健康白肉。

做这道菜,梁健宇首先遵循"不时不食"的原则,挑选初夏时节临近产卵期的黄皮头鱼入菜。制作过程采用相对简朴且接地气的方法:取鱼肉滑炒,之后放上炸好的榄仁,吃下去嫩滑且香口。喜爱吃黄皮头鱼的人有很多,下酒下饭都是一绝。熟透的黄皮头鱼肉呈蒜瓣状,没有碎刺,味道鲜美,吃起来十分过瘾。

原

黄皮头鱼	500 克
榄仁	30 克
胡萝卜片	5 克

调

姜片	5 克
葱段	5 克
蒜末	3 克
盐	5 克
食用油	50 克

饰

| 薄荷叶 | 2 克 |
| 火红苗、三色堇 | 各适量 |

1. 黄皮头鱼打净细鳞并清洗干净。将刀尖从鱼背处下刀，小心地起出鱼肉。将榄仁炸至金黄备用。

2. 向起好的鱼肉中撒些盐，腌至鱼肉表面起胶，加入食用油抓拌均匀，备用。

3. 起镬落油，将油烧至温热后倒入鱼肉，走油至鱼肉七成熟后捞出，沥干余油。起镬落油，倒入姜片、葱段、蒜末、胡萝卜片爆香，倒入鱼肉稍炒片刻。出锅后撒上炸好的榄仁。用薄荷叶、火红苗、三色堇装饰即可。

影响中国菜的那些人 梁健宇

黑胡椒煎牛脷

"牛脷"为广东地区的方言，指的是牛舌。因为在粤语谐音中，"舌"与"赔"发音相近，而广东人喜欢讨好彩头，所以一律将"舌"称为"脷"，取"大吉大利"的好意头。牛脷也好，猪脷也罢，自此便有了许多崭露头角的机会。

传统粤菜处理牛脷、猪脷时，多使用煎、焗、啫啫等成菜口味相对浓郁的烹饪方法，取其去腥的妙处。而梁健宇的这道黑胡椒煎牛脷，则采取了中西合璧的方法。梁健宇在加工牛脷时，选择厚切。使用传统粤菜的白卤水卤过一遍之后，再将其煎至两面红嫩。将煎好的牛脷片装入圆盘，大面积留白，非常具有中式菜肴含蓄的特点。做好造型后，辅以洋葱丝，撒上黑胡椒碎，又有西餐的卖相，混搭之中不乏新意。

原

牛脷 ………………… 200 克
洋葱 ………………… 25 克

调

特制的白卤水 …… 1000 克
黑胡椒碎 …………… 10 克
牛油 ………………… 10 克

饰

薄荷叶、三色堇 ……… 各适量

1. 牛𦟌先用 80℃的热水稍微烫一下,以去掉它表面的舌苔。将去掉舌苔的牛𦟌放入开水中氽一下,再放入特制的白卤水中,先用文火再用武火卤至入味。捞出卤好的牛𦟌,切成厚片。将洋葱去皮,切成丝。

2. 锅烧热后放入牛油,牛油化开后倒入牛𦟌片,煎至两面呈嫩红色。放入洋葱丝爆炒至出香味,即可出锅。盛入盘中造型,均匀地撒上黑胡椒碎,用薄荷叶、三色堇装饰即可。

影响中国菜的那些人

梁健宇

金汤虾饺

论起早茶点心,虾饺是当之无愧的人气王,也是广东早茶里的"四大天王"之一。虾饺皮是用澄面加开水和成的,内馅用料十足,大个儿的虾仁,与胡萝卜丝、熟肥膘肉粒组合在一起,每一口都吃得到鲜美的滋味。制作外皮时,不需要使用传统的擀面杖,而是用刀把澄面拍按成圆形,包上馅料即可。

梁健宇制作的虾饺,每一只都玲珑剔透,他打破了将虾饺成品放于竹笼上的常规呈菜形式,而是将虾饺置于金色汤汁之上,两者你中有我,我中有你,相得益彰。

影响中国菜的那些人　梁健宇

原

澄面	300 克
生粉	50 克
虾仁	100 克
胡萝卜丝	150 克
熟肥膘肉粒	30 克

调

黄汤	50 克

饰

火红苗	适量

肆。梁健宇的十五道菜

1. 将澄面、生粉混合均匀,用开水烫成澄面团。将澄面团搓成长条,切成大小一致的小剂子。
2. 将虾仁、胡萝卜丝、熟肥膘肉粒混合在一起,搅拌成馅料。
3. 用刀把小剂子拍按成圆形的皮,包上馅料制成虾饺。
4. 放入蒸屉中蒸10~12分钟至熟。盘内倒入黄汤,放入蒸好的虾饺,用火红苗装饰即可。

影响中国菜的那些人　梁健宇

148

鱼香茄子两面黄

两面黄本是苏州传统的面食名吃，但在上海以及广东一带都颇具人气。如果说在面条的制形和变化上，广东人是克制并务实的，那么在面条的烹制手法，以及相搭配的各色料头上，广东人则是火力全开的，一点儿都不收敛。在北方吃面，面主菜辅；在广东吃面，菜和肉反客为主，与面旗鼓相当。

梁健宇制作的这道鱼香茄子两面黄采用干煎的方式，色香诱人，再引入川菜中具有代表性的菜——鱼香茄子，鱼香汁厚厚地淋于面上，尝一口，酸甜微辣，酥脆香口，兼具了苏味和川味，丰富了口感，味道更上一层楼。

原

茄子	200 克
生面条	120 克
牛肉碎	50 克

调

鱼香汁	50 克
花生油	50 克
姜蓉	10 克
蒜蓉	10 克
葱花	5 克
泡椒蓉	10 克
盐	3 克
上汤	150 克

1. 将生面条放入沸水中,加入盐。焯约 8 ~ 10 分钟至熟,净锅后,放入花生油,落镬后放入焯过水的面条,用文火煎至两面呈金黄色。
2. 茄子削去皮,切成条,放入锅中拉油,捞出,沥干油,备用。
3. 热镬,加入姜蓉、蒜蓉、泡椒蓉、葱花、牛肉碎煸香,放入茄条,加入上汤,倒入鱼香汁翻炒均匀,盛出。
4. 将煎好的面放入盘中,将炒好的茄条摆在两面黄上即可。

香茜陈皮鸭汤泡饭

肆。梁健宇的十五道菜

一道做法讲究的香茜陈皮鸭汤泡饭，厨师能精确地控制鸭的品质与米饭的用量，制作过程精细繁复，堪比大观园的茄鲞，吃一口让人惊艳，再吃一口令人感动，因此引来了众多老饕的追捧，成为广州白天鹅宾馆的一道代表菜。

香软细滑的鸭肉和鲜美的鸭汤，味道香浓，鲜美诱人，赋予米饭美味的灵魂。

每一道工序都环环相扣，不能省略，精选的食材搭配厨师的高超技艺，给食客们献上味觉盛宴。

原

光鸭	1800克
白米饭	80克

调

陈皮	10克
盐、香菜段	各5克
葱姜水	50克
蚝油	10克
老抽	适量
食用油	适量